INVENTAIRE
V 38,311

HENRI GAUGAIN ET Cie,
RUE VIVIENNE, N. 2.

CATALOGUE

DES

TABLEAUX ET OBJETS D'ART

EXPOSÉS

Dans le Musée Colbert

PENDANT

LE MOIS DE NOVEMBRE 1829.

PARIS
IMPRIMERIE DE J. TASTU,
RUE DE VAUGIRARD, N. 36.
1829

CATALOGUE

DES

TABLEAUX ET OBJETS D'ART

EXPOSÉS

Dans le Musée Colbert

PENDANT

LE MOIS DE NOVEMBRE 1829.

M. COURT.

1. — Scène de Brigands dans une caverne.

>Deux d'entre eux vont précipiter dans les ondes un malheureux voyageur qui lutte en vain contre le nombre, tandis qu'un troisième leur désigne l'endroit le plus sombre et le plus profond du torrent.

2. — Femme italienne jouant de la mandoline.

>(Tête d'étude d'après nature.)

3. — Jeune Femme couchée.

    (Tête d'étude d'après nature.)

4. — La Dame de Charité apportant des secours à une pauvre femme.

5. — La Nymphe conduite au bain par un jeune Faune.

6. — La Triste Nouvelle.

    (Étude d'après nature.)

M. E. DELACROIX.

7. — La Grèce. (Allégorie.)

    Elle est représentée sous les traits d'une femme pleurant sur des ruines.

8. — Le Combat du Giaour.

    (Sujet tiré de *Lord Byron*.)

FEU GÉRICAULT.

9. — Esquisse du Portrait d'un Lancier polonais.

M. E. DELACROIX.

10. — L'Arabe et son Coursier.

FEU GÉRICAULT.

11. — Portrait d'un Carabinier.

> Au coin du tableau est collé un papier portant une note autographe de Géricault.

M. PIERRE LECOMTE.

12. — La Lecture du Dante.
13. — La Lecture de Boccace.
14. — Un Brigand napolitain au repos.
15. — Le Petit Doigt de la grand'maman.
    (Sujet tiré d'une Chansonnette.)
16. — L'Aumône.
17. — Laurent de Médicis.

> Enfant subissant un examen de mathématiques. Il étonne ses professeurs par la justesse de ses réponses et la hardiesse de ses questions.

feu CONSTANT VAUCHER.

18. — Jacob bénissant Joseph.

19. — Diogène dans son tonneau.

    Il demande pour toute grâce à Alexandre-le-Grand qui vient le visiter, de se retirer de son soleil.

FRANCK.

20. — Derniers honneurs rendus à Polynice.

    Étéocle, vainqueur de son frère, ayant défendu, sous peine de mort, de lui rendre les honneurs funèbres, Antigone, aidée de quelques serviteurs fidèles, l'ensevelit en secret au péril de ses jours.

M. BELIER.

22. — Paysage historique dans le genre noble.

    (Sujet tiré de *Brunehaut*.)

MADAME DE MONTEREAU.

23. — Scène du Barbier de Séville.
24. — *Id.*

M. L. BOULANGER.

25. — Mazeppa.
26. — Portrait d'un Juge espagnol.
27. — Portrait de la petite Fille de M. Victor Hugo.

M. WAFLARD.

28. — Portrait de femme.
   (Tête d'étude d'après nature.)

29. — Énée et Didon.
   Surpris par un orage, ils se réfugient dans une grotte.
   (Virgile; *Énéide.* Liv. iv.)

31. — Il s'est assis là, grand'mère.

(Tableau de genre, sujet tiré de *Béranger*.)

32. — La Jeune Modiste faisant l'aumône.

34. — Portrait de M. ***.

M. PARADIS.

35. — La sœur Marthe sauvant la vie à un déserteur.

En 1814, la ville de Besançon étant encore en état de blocus, un soldat déserta pendant une sortie; repris bientôt et amené sur la place d'armes pour être fusillé, il allait être frappé du coup mortel, lorsqu'un bruit confus se fait entendre : c'était la sœur Marthe apportant la grâce du condamné.

36. — Un Baptême au village.

(Fonds de paysage.)

M. ABEL LORDON.

37. — La Levrette blessée.

M. ZIEGLER.

38. — Vue de la Fontaine de la Croix-de-Pierre, à Rouen.
39. — Henri II et Diane de Poitiers.
40. — Chevalier mourant.

M. TREZEL.

41. — L'Étude.
42. — La Lecture aux champs.

WILLE.

43. — Un dessin sous verre, scène de Brigands.
44. — L'Accordée du village.

M. C. ROQUEPLAN.

45. — L'Espion.
  (Sujet tiré de Walter Scott, *Rob-Roy*.)

M. VIGNERON.

46. — Talma à Brunoy.

M. FOURNIER.

48. — Un'Ecce Homo.

M. FRANCIS.

49. — Chienne et ses Petits (d'après nature).
50. — Deux Chiens d'arrêt sur un fond de paysage.
51. — La Forge.

M. A. DEVÉRIA.

52. — Le Repos.

M. STEUBEN.

53. — Trait de la jeunesse de Pierre-le-Grand.
   Lors de la première révolte des Strélitz, Pierre Ier,

enfant, fut conduit par sa mère, et un petit nombre de serviteurs fidèles, au couvent de la Trinité, à quelques lieues de Moscou. Cette retraite fut connue des rebelles; une troupe furieuse accourt, enfonce les portes et massacre tout ce qu'elle rencontre. La czarine, avec son fils, poursuivie par deux meurtriers, se réfugie dans une chapelle, place son enfant sous l'image de la Vierge, et menace les assassins de la vengeance divine, s'ils osent consommer leur crime; saisi de respect, l'un d'eux se prosterne, l'autre hésite, regarde l'image, et dit à son camarade : « Frère, non pas » près de l'autel. » Cependant un nombreux détachement de cavalerie volait au secours du czar. Les rebelles prennent la fuite, et l'enfant et la mère sont sauvés.

M. ROMEGAS.

54. — Une Marine.

M. DELAROCHE (Paul).

55. — La Suite d'un Duel.

MADAME HAUDEBOURT-LESCOT.

56. — La Bonne Fille.
57. — La Bonne Mère.

M. HUET.

58. — Un Paysage.
59. — Un Paysage.
60. — Étude de Paysage d'après nature.
61. — Étude de Paysage d'après nature.
62. — Une Aquarelle sous verre.
    (Vue d'Harfleur, près Le Hâvre).

M. ROBERT LEFEBVRE.

63. — Portrait en pied de Napoléon.

M. CIBOT.

67. — Histoire de la Grèce ancienne.
    Une femme blessée dans le sac d'une ville, oublie

sa souffrance pour ne s'occuper que de son enfant qu'elle allaite. Elle craint que le sang qui coule de sa blessure ne se mêle à son lait.

M. COLIN.

68. — Le Giaour vainqueur d'Hassan.

(Sujet tiré de *Lord Byron*).

Le sabre d'Hassan, brisé jusqu'à la garde, fume encore du sang qu'il a répandu. Sa main retient ce fer qui a mal servi sa vengeance. . . . .
. . . .

Il est étendu sur la terre, le visage tourné vers le ciel ; son œil encore ouvert menace son ennemi, comme si la mort y avait laissé sa haine.

Cet ennemi est là qui le contemple ; son front est aussi sombre que celui qui est couvert des ombres du trépas.

(BYRON, *le Giaour.*)

69. — Robinson Crusoé.

70. — Faust et Marguerite dans le jardin.

(Sujet tiré *de Goëthe.*)

MADAME COLIN.

71. — Marguerite seule pleurant l'absence de Faust.

72. — Marguerite contemplant les bijoux que Méphistophélès a déposés dans sa chambre.

(Ces deux sujets sont également tirés *de Goëthe*.)

M. E. DEVÉRIA.

73. — Jeanne d'Arc endormie dans sa prison.

On profite de son sommeil pour substituer des habits d'homme à ses vêtemens de femme déposés près de son lit.

74. — Jeune mère donnant des fruits à son enfant.

75. — Origine et fondation de l'ordre de la Toison d'Or.

Philippe-le-Bon, duc de Bourgogne. Des courtisans avaient fait des plaisanteries sur la couleur des cheveux de sa maîtresse qui étaient roux ; il lui promit de les obliger à porter ses couleurs, et créa l'ordre de la Toison-d'Or.

M. L. BOULANGER.

76. — Sara la Baigneuse.

>Sara, belle d'indolence,
>Se balance
>Dans un hamac; au-dessus
>Du bassin d'une fontaine
>Toute pleine
>D'eau puisée à l'Illyssus.

(*Orientales*, VICTOR HUGO.)

M. E. DEVÉRIA.

77. — Les Nains.

(Sujet tiré de Walter Scott, *Le Talisman*.)

Les Nains, dirigeant alors la lumière de leur lampe sur le chevalier, l'examinèrent à leur tour avec attention, et, se tournant l'un vers l'autre, ils le saluèrent d'un éclat de rire sauvage qui retentit à ses oreilles.

(*Le Talisman*, WALTER SCOTT.)

M. L. BOULANGER.

78. — La Famille napolitaine.
79. — Le Frère du Barbier.
>(Sujet tiré des *Mille et une Nuits*.)

80. — L'Albanais.
81. — Le Maréchal Ferrant.

M. E. DELACROIX.

82. — La Pauvre Fille.
> Souvent aussi mes pas errans
> Parcourent des tombeaux l'asile solitaire;
> Mais pour moi les tombeaux sont tous indifférens.
> La pauvre fille est sans parens
> Au milieu des cercueils ainsi que sur la terre.
> (M. Soumet.)

83. — Portrait de Madame *****.

M. FRANCIS.

84. — Le Lion, le Bison et les Vautours.

M. TONY JOHANNOT.

85. — La Sultane favorite.

M. DUPRESSOIR.

86. — Un Paysage.

(Vue prise à Livet.)

MADEMOISELLE EUGÉNIE LEBRUN.

87. — Portrait en pied de M. L. B.....
88. — Jeune Paysanne se lavant les pieds.
89. — Portrait de Mademoiselle L. B.....
90. — Louis XIV et la Belle Jardinière.

> Louis XIV, se promenant un jour dans le parc de Versailles, aperçut dans l'Orangerie une jeune et belle paysanne (fille du jardinier), qui admirait sa statue qu'on venait d'y placer : « La trouvez-vous ressemblante ? » dit Louis, en prenant par la main cette

jeune fille toute interdite de voir le Monarque si près d'elle.

(Sujet tiré *des Amours de Louis XIV*, par Boissy.)

M. BESSA.

91. — Aquarelle sous verre.

    Un Grand-Duc déchirant une Pie.

92. — Aquarelle sous verre.

    Orange et Cédrat avec sa fleur.

M. GUILLEMOT.

93. — Saint Vincent de Paul.

    Il sollicite des secours pour les enfans trouvés; plusieurs dames de la cour lui apportent de l'or et détachent leurs bijoux pour les lui donner.

94. — Derniers Momens de Louis XIII.

    Saint Vincent de Paul l'exhorte au repentir, et le console à son lit de mort.

95. — Apothéose de saint Vincent de Paul.

    Ces trois tableaux sont exécutés à fresque dans l'église de Saint-Sulpice de Paris.

96. — Mars et Vénus pris dans les filets de Vulcain.

97. — Acis et Galatée surpris par Polyphême.

M. VALLIN.

98. — L'Été.
>(Tête d'étude.)

99. — L'Automne.
>(Tête d'étude.)

M. FRAGONARD.

100. — Un Dessin sous verre.
>Psyché offrant des présens à ses sœurs.

M. BARBOT.

107. — Un Paysage, les Ruines d'Agrigente.

MADAME SAINT-OMER.

108. — Portrait du Docteur ***.

M. GUILLEMOT.

109. — Réunion des Lithographies exécutées d'après la fresque de Michel-Ange, représentant le jugement dernier dans la chapelle Sixtine, à Rome.

Cet ouvrage, exécuté sur le tableau original, forme trois livraisons qui se vendent au magasin d'estampes du Musée Colbert.

M. COURT.

110. — Une Scène du Déluge.
(Étude envoyée de Rome.)

M. SCHEFFER AINÉ.

111. — Portrait en pied du général La Fayette.
112. — La Mort de Géricault.

M. DUPEUX.

113. — Intérieur de Saint-Paul, à Londres.
114. — Intérieur de Sainte-Gudulde, à Bruxelles.

M. FRANCIS.

115. — Etude de Cheval, d'après nature.

(Ce tableau appartient à M. le comte de La Villette.)

116. — Etude de Cheval, d'après nature.

(Ce tableau appartient à M. le comte de La Villette.)

M. EUGÈNE ISABEY.

117. — Un Paysage.

M. LÉPAULLE.

118. — La Petite Normande.

MADEMOISELLE PAGÈS.

119. — Tête d'Etude de Femme.

M. GOYET.

120. — Héloïse et Abeilard.

FEU XAVIER LEPRINCE.

121. — L'Ane chargé de reliques.

M. E. DEVÉRIA.

122. — Le Départ.

FEU HARIET.

123. — Androclès.

M. LEVASSEUR.

124. — Cadre de Dessins à la sepia et à l'aquarelle.

M. GAVARD.

125. — Un Intérieur.
Vue d'un des bas-côtés de la cathédrale de Metz.

M. CONSTABLE.

126. — La Marchande de poissons.

(Le paysage seul est de M. Constable, les figures sont de M. Fraser.)

M. FRAGONARD.

127. — Guerrier racontant ses exploits.
128. — Offrande à la beauté (Allégorie).

MADEMOISELLE AMÉLIE COGNIET.

129. — Un Religieux.
130. — Un Marin grec.

MADEMOISELLE LAJOYE.

131. — Un Paysage.
132 et 133. — Deux Petits Sujets dans le goût de l'École flamande.

M. SIGALON.

134. — Locuste essaie devant Narcisse, sur un jeune esclave, le poison préparé pour Britannicus.

> Elle a fait expirer un esclave à mes yeux.
>
> (RACINE, *Britannicus*.)

M. BUGUET.

135. — Molière consultant sa Servante.

M. LÉPAULLE.

136. — Un Jeune Égyptien.

M. BOUTON.

137. — Le Prisonnier.

(Intérieur.)

M. VAUDECHAMP.

138. — Portrait de madame ***.
139. — Tête d'Étude de jeune femme.

M. CAMILLE.

140. — Un Paysage sur porcelaine.

M. LEPRINCE (Léopold).

141. — Un Paysage, vue prise près Torigny (Sarthe).
142. — Un Paysage, vue prise près Orléans (Loiret).

M. MOZIN.

143. — Une grande Marine (vue de pleine mer).
144. — Une Marine (vue de côte).

M. COUTAN.

145. — Un Jeune Turc.

(Tête d'étude d'après nature.)

146. — Tête d'étude d'après nature.

M. BELLOC.

147. — Portrait de M. ***.

M. SERRUR.

148. — Brunehaut.

> Haïr et commander deviennent de si fortes habitudes pour le cœur de Brunehaut, que la Cour de Théodebert, où elle résidait, ne put souffrir ses injustices et ses excès. Un matin, les seigneurs austrasiens la surprennent dans son palais, lui commandent de quitter sa parure et de se couvrir de vêtemens grossiers. En cet état, ils la conduisent aux frontières de l'Austrasie et de la Bourgogne, sur les bords de l'Aube; là, ils l'abandonnent seule au déclin du jour.

Un jeune pâtre, descendant du coteau, s'arrête à la vue de Brunehaut; il regarde avec pitié la reine qui faisait hier encore trembler la France sous ses lois.

Brunehaut passa la nuit au coin du foyer de ce pâtre, qu'elle appela dès l'aube du matin pour le prier de la conduire à Châlons, où son fils Thierry, roi de Bourgogne, la reçut en mère et en reine.

(MARCHANGY, *Gaule poétique.*)

149. — Une Jeune Femme Grecque poursuivie par un Turc.

150. — Tête d'un Tunisien.

151. — Étude d'après nature.

152. — Le Mendiant.

153. — Intérieur d'une Étable.

154 — Fileuse.

(Costume du Bourbonnais.)

155 — Étude de Cheval d'après nature.

M. ZIEGLER.

156. — Tête de Jeune Fille endormie.
157. — Portrait de M. ***.
158. — Etude de Paysage.
(Effet du soir.)
159. — Tête d'Israélite.

MADEMOISELLE SAINT-OMER.

160. — Portrait de M. ***.

M. CUNLIFFE.

161. — Un Paysage, vue prise près de Calais.
162. — Un Paysage, vue prise près de Calais.

M. RONJOU.

163. — Tête de Jeune Fille couronnée de fleurs.
164. — Tête d'un Jeune Moine.
(Étude.)

MADEMOISELLE FANNY ROBERT. S. M.

165. — Un dessin sous verre.

    (La Madeleine d'après le tableau original du Corrège.)

M. MAYOT.

166. — Saint Jean-l'Évangéliste.

    Parvenu à une extrême vieillesse, l'apôtre de la charité n'adresse plus à ses disciples que de courtes exhortations qu'il termine toujours par ces paroles : « Mes chers Enfans, aimez-vous les uns les autres. » Un de ses auditeurs lui demande pourquoi il répète toujours la même chose : « C'est, répond-il, le précepte du Seigneur, et si vous l'accomplissez, cela suffit. »

167. — Un Paysage.

    (La Fuite en Égypte.)

FEU GAUTHEROT.

168. — Pyrame et Thisbé.

    (Sujet tiré des Métamorphoses d'Ovide.)

M. LAJOYE.

169. — Un Paysage.

(Effet du soleil couchant.)

M. MASSÉ.

170. — Jeune fille lisant.

(Tête d'étude d'après nature.)

M. LÉPAULLE.

171. — Tête d'homme.

(Étude d'après nature.)

FEU GIRODET.

172. — Portrait non terminé du modèle dit la Belle Élisabeth.

(Ce tableau appartient à M. Pannetier.)

ANTOINE MORO.

173. — Élisabeth, reine d'Angleterre.
    Ce portrait est celui envoyé par elle à Henri IV.

M. MASSÉ.

174. — La Grotte de Saint-Benedetto.
    (Environs de Rome.)

M. CARLE VERNET.

175. — Fuite de Mamelucks.
176. — Déroute de Mamelucks.

M. THÉNOT.

177. — Entrée d'un cloître (aquarelle).

M. MASSÉ.

178. — Un Enfant malade.
    (Dessin au pastel.)

M. ABEL LORDON.

179. — La Jeune Fille malade.

M. DEVÉRIA.

180. — La Sœur charitable.

> Une sœur de charité prodigue ses soins à un soldat blessé.

M. BOULANGER.

181. — Le cardinal de Richelieu dans son cabinet.

> (Sujet tiré de *Cinq-Mars*, de M. Alfred de Vigny.)

M. ROEHN PÈRE.

182. — J'ai perdu!
183. — Le Fou par amour.

M. INGRES.

184. — OEdipe.

Il écoute attentivement l'énigme que lui propose le Sphinx, et s'apprête à la résoudre.

(Ce tableau appartient à M. Gossuin.)

FEU RAPHAEL MENGS.

185. — Le Plaisir.

186. — L'Innocence.

(Ces deux têtes au pastel passent pour le chef-d'œuvre du maître.)

M. DAGNAN.

187. — Etude d'après nature.

188. — Etude d'après nature.

M. VALLOU DE VILLENEUVE.

189. — La Nourrice.

M. ALFRED JOHANNOT.

190. — Louis XI à Amboise.

Lorsque Louis XI se vit près de sa fin, une de ses grandes inquiétudes fut que son fils, dont il avait toujours négligé l'éducation, ne pût pas achever l'exécution de tous les plans qu'il avait conçus.

Il se rendit donc à Amboise, où le jeune Charles VIII était relégué, et là, en présence des principaux personnages de sa cour, il fit l'aveu de toutes les fautes qu'il avait commises pendant son règne, en lui rappelant tous les devoirs d'un roi vis-à-vis de son peuple.

Après cela il remit le jeune roi sous la tutèle de sa fille, madame de Baujeu, à laquelle il remit aussi le gouvernement du royaume.

Le vieux roi est assis dans un fauteuil, ayant à son côté sa fille. Le jeune Charles VIII est debout devant lui, écoutant humblement ses avis; il est suivi par un jeune seigneur attaché à sa personne.

Le fond est occupé par différens seigneurs de la cour, tous jaloux les uns des autres, attachés, soit au parti de madame de Baujeu, soit à celui du duc d'Orléans, qui se disputaient la régence.

M. ZIEGLER.

191. — Charles VII lisant son bréviaire sur les genoux d'Agnès Sorel.

M. LÉPAULLE.

192. — Tête d'Étude d'après nature.

M. GODEFROY.

193. — Une Aquarelle.
    (Paysage d'après nature.)

194. — Un Dessin à la mine de plomb.
    (Paysage.)

M. FRANCIS.

195. — Étude de Cheval d'après nature.
    (Ce tableau appartient à lord Seymour.)

M. SWEBACH.

196. — Le Coup d'étrier.

M. GUDIN.

197. — Une Marine.

---

198. — Masque de J.-J. Rousseau, moulé sur nature, par M. Houdon, quelques heures après sa mort.

(Ce morceau unique appartient à M. Gossuin.)

M. DAVID.

199. — Buste en marbre de M. le vicomte de Châteaubriand.

N. JACOT.

200. — L'Amour aux deux flèches.
(Cette statue doit être exécutée en marbre.)

www.ingramcontent.com/pod-product-compliance
Lightning Source LLC
Chambersburg PA
CBHW050031230526
45470CB00003B/1218